그리스도를 본받아 2
내면을 향한 유익한 권면

This book was first published in the United States by Moody Publishers, 820 N. LaSalle Blvd., Chicago, IL 60610 with the title

The Imitation of Christ

by Thomas a Kempis

Copyright © 1980, 2007 edition by The Moody Bible Institute of Chicago

Translated by permission.
All rights reserved.

This Korean Translation Copyright © 2019 by Kyujang Publishing Company

이 한국어판의 저작권은 저작권사와 독점 계약한 규장 출판사에 있습니다.
신 저작권법에 의하여 한국 내에서 보호 받는 저작물이므로 무단 전재와 무단 복제를 금합니다.

그리스도를 본받아 2
THE IMITATION OF CHRIST

내면을 향한
유익한 권면

토마스 아 켐피스 지음 | 전의우 옮김

규장

한국어판
발행인의 글

'고전'(古典)이란 과거에 저작되어 수준 높은 질적 가치를 인정받을 뿐 아니라 후세 사람들에게 끊임없이 영향을 끼치며 시대를 초월하여 높이 평가되는 문학 등의 예술작품을 가리킵니다. 그런 의미에서 볼 때, 기독교 고전의 백미(白眉)로 손꼽히는《그리스도를 본받아》(De Imitatione Christi)는 참된 의미의 고전이라 할 것입니다.

1427년 경, 독일 태생의 수도사 토마스 아 켐피스가 저술한《그리스도를 본받아》는 750권 이상의 필사본을 남겼고, 1472년에 독일에서 첫 인쇄본이 나온 이후 지금까지 약 70여 개 언어로 3천여 판 이상이 출판된 것으로 추정되며, 출간 현황을 다 파악할 수 없을 정도입니다.

또한 마르틴 루터로 이어져 종교개혁 사상의 맹아(萌芽) 역할을 한 것을 비롯해, 존 웨슬리, 디트리히 본회퍼, 존 스토트, 달라스 윌라드 등 수많은 믿음의 사람들에게 감화를 주었고, 성경 다음으로 많이 읽히는 책으로 알려져 있습니다.

그러나 우리 세대에게 고전이란 어쩌면 '너무 유명하지만 제대로 읽어본 적은 없는 책'인지도 모르겠습니다. 《그리스도를 본받아》 역시 너무나 유명하여 저자나 책 제목을 아는 사람은 많지만, 읽은 사람을 찾아보기는 쉽지 않고, 가까이 두고 읽으며 그리스도를 본받으려 힘쓴다고 고백하는 사람을 만나기는 더욱 어렵습니다.

고전이 오늘 나의 문제에 답한다

고전이 그렇게도 훌륭하다는 것을 알지만 쉽게 손이 가지 않는 이유 중 하나는 고전이 너무 오래전에 쓰여서 지금의 내 삶과 상관없을 것 같다는 선입견일 수 있습니다.

그런데 책을 읽어보면 마치 저자가 지금의 내 삶을 들여다보고 있기라도 한 듯 어쩌면 그렇게 내 문제를 꿰뚫어 보면서 실질적인 조언과 충고를 해주는지 놀라게 될 것입니다.

이 책은, 살아 있고 활력이 있어 우리 마음의 생각과 뜻을 판단하는 하나님의 말씀(히 4:12)인 성경을 기반으로 하여 성경을 깊이 묵상하고 적용하는 것이기에 600년 전의 저자와 지금의 우리가 말씀 안에서 교제할 수 있는 것입니다.

모든 세대가 고전을 편안하게 만난다
또한 이 책은 본래 전 4부 114장으로 구성되어 있습니다. 이 고전을 읽어보고 싶다가도 두꺼운 책이 부담스러워 포기한 분도 많을 것입니다. 이번에 규장에서 이 책을 각 부별로 나누어 출간하기로 한 것은 이 귀한 책이 정말로 독자 여러분께 읽히기를 바라기 때문입니다.
 그래서 늘 손에 들고 편안하게 읽을 수 있는 판형에 묵상을 돕는 아름다운 사진을 함께 담아 정성껏 책으로 엮었습니다. 고전에 누구나 쉽고 편안하게 다가갈 수 있도록 징검다리를 놓고자 했습니다.

이 책을 통해 여러분을 주님과 함께 걷는 호젓한 숲길로, 푸른 초장으로, 나무 그늘로 초대합니다. 어딘가를 오가고, 누군가를 기다리고, 혼자만의 시간을 보낼 때 세상의 무익한 것들에 눈과 귀를 내어주지 말고, 이 책을 벗 삼아 위대한 신앙의 선배가 들려주는 훈계와 권고, 그가 들은 주님의 음성에 귀 기울이시기를 소망합니다.

사람에게서 인정과 위안을 구하지 말고, 우리의 표상(表象)이신 예수 그리스도의 삶을 잠잠히 묵상하고 그분의 가르침을 삶에 적용하며 그분을 본받는 우리가 되기를 소원합니다.

이 책이 십자가의 왕도(王道)로 가도록 격려하는 좋은 벗 되어, 독자 여러분의 신앙생활에 매일 그리스도를 닮아가는 영적 진보가 있기를 간절히 기도드립니다.

규장 여진구 대표

편집자의 글

토마스 아 켐피스, 《그리스도를 본받아》

사나 죽으나 예수님을 단단히 붙들고
그분에게 자신을 의탁하십시오.
모두가 실망시킬 때,
그분만이 그대를 도우실 수 있습니다.
그대가 사랑하는 분은 그 어떤 경쟁자도 허락지 않으십니다.
홀로 그대의 마음을 소유하고
거기에 왕으로서 좌정하기를 원하십니다.

토마스 아 켐피스,
《그리스도를 본받아》(제2권, 7장)

《그리스도를 본받아》는 성경 다음으로 가장 크게 사랑받고 가장 널리 읽히는 책 가운데 하나로, 처음 읽는 독자에게 큰 기대를 불러일으킨다. 우리는 이 책이 말하는 대로 살고 싶고 이 책을 읽을 때 가슴이 두근거린다.

토마스 아 켐피스는 책을 읽고 글을 쓰며 기도하기를 가장 좋아했고 세상적인 것은 입 밖에 내기조차 어려워했으나 하나님에 관해 말할 때면 유창하기 이를 데 없었다.

그는 어느 모임에서 이렇게 말하며 빠져나오기까지 했다. "형제들, 저는 이만 가봐야겠습니다. 제 골방에서 저와 대화하려고 기다리는 분이 계시거든요."

그가 가장 좋아했던 주제는 구원의 신비, 예수 그리스도의 말씀과 그분이 하신 일, 특히 그분의 고난에 나타나는 예수 그리스도의 사랑이었다. 사실, 이 책은 영성에 더없이 초점을 맞춘 책이다.

그러나 사실 이 고전을 처음 읽는 평범한 21세기 독자들은 드러내놓고 말은 안 해도 왜 이 책이 그렇게 대단한 평가를 받는지 속으로 자못 궁금할 듯하다.

이 책은 짜임이 엉성하고 강력한 주장을 전혀 하지 않는 듯 보이며 결코 얇지 않아서 두께에 주눅 드는 독자라면 아예 한쪽으로 밀쳐둘지도 모른다. 더욱이 영성훈련을 위한 개별 코스와 프로그램도 유행하고, 묵상이 복음주의 그리스도인들 사이에서 갈수록 큰 관심을 끌지만, 정신없이 바쁘게 돌아가는 세상에서 사는 것이 우리의 현실이다.

이러한 세상은 우리에게 많은 것을 요구하며, 보통 사람들이 행하거나 생각하는 것을 거의 희생하고 제 발로 세상에서 물러나 영성을 키우려는 사람을 거의 이해하려 하지 않는다.

그러므로 이 책의 전체적인 흐름과 각 부의 구성 및 주제를 살펴보는 것이 중요하다. 결코 진부하지 않고 시대를 초월해 모든 사람에게 말하는 것들, 특히 이 세대에 필요한 숨은 의미를 파악하는 것이 중요하다.

토마스 아 켐피스의 생애

토마스 아 켐피스의 일생 중 몇몇 부분이 그가 노년에 쓴 여러 전기에서 나타난다. 그는 1397년 또는 1380년에 독일 켐펜(Kempen)에서 장인(匠人)인 아버지 존 헤메르켄(John Haemerken)과 동네 학교 교사인 어머니 헤르트루드(Gertrude) 사이에서 태어나 일생의 대부분을 수도원에서 보냈다.

토마스보다 열네 살 많은 유일한 형제 요한은 네덜란드 데벤터르(Deventer)에 있는 대성당학교(cathedral schools)에 다녔는데, 토마스는 겨우 열세 살 때 학구열에 불타 이 학교를 걸어서 찾아갔다. 그는 당연히 형이 그 학교에 여전히 있을 것으로 생각했지만, 형은 30킬로미터쯤 떨어진 곳에 새로운 공동체를 세우느라 떠나고 없었다.

토마스는 형을 찾아 다시 그곳으로 갔고, 형은 그를 데벤터르 형제들의 지도자에게 소개했다. 이들은 토마스를 보살펴

달라며 어느 경건한 여성에게 맡기고, 그를 교장에게 데려다 주었으며, 첫 학비를 내주었다. 토마스는 데벤터르에서 7년을 보냈는데, 이 시기는 그의 성품에 더없이 큰 영향을 미쳤다.

    데벤터르는 헤라르트 흐로테(Gerard Groote)라는 부제(deacon)가 시작한 14세기 부흥운동의 중심이었다. 이 운동은 플로렌티우스 라데베인(Florentius Radewyn)의 넉넉한 후원을 받으며 성장했다.

    이 운동에 참여한 사람들은 "공동생활 형제단"(Brothers and Sisters of the Common Life)이라 불렸는데, 개인적으로 서약하지는 않았지만 더러는 가정에서, 더러는 공동체를 이루어 최선을 다해 청빈과 순결과 복종의 삶을 살았다.

    이들은 구걸할 수 없었고 스스로 일해 생계를 꾸려야 했기에, 흔히 책을 필사하고 사본에 색을 입히며 젊은이들을 가르쳤다. 이렇게 얻은 수입을 공동으로 소유했고 장상(長上, superior)에게 맡겨 관리했다.

형제자매들은 또한 자선을 베풀고 주린 자를 먹이며 노숙자와 병자를 돌보고 교회와 수도원 내부에서 공적 개혁을 독려하기에 힘썼다. 이들은 더 우수한 교육에 대한 비전을 품고 독일과 네덜란드 전역에 공동생활 형제단 학교를 열었다. 이 그룹에서 토마스 아 켐피스는 성적이 우수한 학생이자 훌륭한 필사자로 알려졌다.

1399년 봄, 토마스 아 켐피스는 데벤터르에서 인문학 공부를 마치고 공동생활 형제단을 떠나 즈볼레(Zwolle) 근처의 세인트 아그네스 산(Mount Saint Agnes)에 자리한 어거스틴 수도회에 들어갔다. 형이 앞서 작은 수도원을 세우고 교회를 시작한 이곳에서 1406년에 수련수사(novice)가 되었으며 1413년, 사제 서품을 받고 청빈과 순결과 복종을 맹세했다.

그는 관리 업무에 관심이 없었던 것이 분명하지만 장상으로 선출되었고, 몸이 아주 쇠약했거나 너무 연로해 계속하지 못할 때까지 이 직무를 수행했던 것으로 보인다. 그는 이 직무를 수행하면서 독실한 젊은이들을 훈련했는데, 짧은 글을 많이 쓰도록 독려하는 것이 그의 소명 중 하나였다.

또한 그는 수도원에 딸린 교회에서 설교를 자주 했으며, 1471년에 세상을 떠날 때까지 필사하고(그는 성경을 네 차례 필사했다), 편지와 찬송과 전기를 쓰며, 상담하고,《그리스도를 본받아》를 저술하는 등, 헌신의 삶을 살았다. 토마스는 마지막 필사 세대를 살았으며, 이 고전은 필사의 산물이다.

그가 묻힌 수도원은 종교개혁 2백 년 후에 파괴되었고, 그의 유해는 쾰른의 주교후(Price-Bishop, 주교인 동시에 세속 영지를 소유한 영주)에 의해 즈볼레로 옮겨졌다가 지금은 성 미카엘 성당(St. Michael's Church)에 안치되어 있다.

저자에 관한 논란

지금은 이 고전을 토마스 아 켐피스의 작품으로 보지만,《그리스도를 본받아》의 저자를 두고 한때 논란이 있었다. 이 책은 익명으로 세상에 나왔고 여러 필사자가 필사했기 때문에, 그의 형 요한을 비롯해 다양한 영성 저자의 작품으로 여겨졌다.

저자와 관련된 논란은 2백 년 후인 17세기에도 일어났으나, 토마스 아 켐피스가 속했던 수도회 구성원들을 비롯해 큰 권위를 지닌 동시대 증인들이 토마스 아 켐피스를 이 고전의 저자로 지목했다. 이 책은 그의 다른 저작들에 나타나는 문체와 일치하며, 그가 속한 신비주의 진영의 정신과도 일치한다.

본서의 구성과 각 권의 주제
앞서 언급했듯이, 이 책을 읽다 보면 왠지 무계획적이라는 인상을 받는다. 그러나 이런 인상은 실제와 다르다. 이 책을 구성하는 네 부는 하나하나가 핵심적이고 체계적인 주제를 중심으로 배열되었기 때문이다.

각각의 주제를 다음과 같이 요약할 수 있다.

1부 우리는 세상과 그 쾌락에 등을 돌려야 한다.
2부 우리는 맡겨진 모든 일에 기꺼이 헌신해야 한다.
3부 우리는 예수 그리스도께서 주신 고난의 가르침을 명심해야 한다.
4부 우리는 외적 유혹을 떨쳐버려야 한다.

이 책을 주제를 따라 읽는 외에, 잠언을 읽듯이 읽어도 좋겠다. 잠언처럼 여전히 지혜롭고 인용할 만하며 놀랍도록 새롭기 때문이다. 토마스 아 켐피스가 자신의 시대에 쓴 내용이 오늘 우리의 믿음에 관해 알려주는 것에 세밀하게 집중하면서 한 번에 몇 장씩 읽는 것이 더 좋겠다.

제2권 《내면을 향한 유익한 권면》에 대하여
제2권은 내적 자아를 강조하며, 토마스 아 켐피스가 최고의 심리학자라는 것을 보여준다. 성경을 친밀히 아는 것과 자신을 아는 것이 자주, 어쩌면 늘 연결된다.

토마스 아 켐피스는 우리가 그리스도께서 거하시기에 합당한 내면의 집을 준비하면 그분이 우리에게 오시리라고 말한다. 우리에게는 하나님의 재활 치료(divine rehab)가 필요하다.

그는 다채로운 비유로 말하면서, 그리스도께서 이런 거처를 더 자주 찾아오시는 방법이 있다고 언급하는데 이는 부분적으로 "내면이 잘 정돈된 사람은 다른 사람들의 이상하고 비뚤어진 행동에 신경 쓰지 않기" 때문이라는 것이다.

자신에 주목하지 않고 덧없는 것에 여전히 집중하는 사람들에 대해서는 "그 자신이 평화롭게 지내지 못할 뿐 아니라 다른 사람들과도 평화롭게 지내지 못합니다. 이들은 다른 사람들에게 짐이 되지만 언제나 자신에게 더 짐이 됩니다"라고 말한다.

또한 "사람이 미지근해지기 시작하면 작은 수고를 두려워하고 외적 위로를 받으려 합니다"라고 예리하게 지적한다. 중

간은 없다. 우리의 믿음은 그리스도에 뜨겁게 초점을 맞춰야 한다. 그러지 않으면 우리는 땅의 것에 매이고 필연적으로 우리를 넘어뜨릴 염려와 쾌락과 친구들에게 사로잡히게 된다.

토마스 아 켐피스는 그리스도인들이 자신을 아는 것이 특히 중요하다고 강조한다. "자신을 너무 신뢰해서는 안 됩니다. 우리 안에 은혜가 없고 명철도 없을 때가 많기 때문입니다. 우리 안에 아주 작은 빛이 있을 뿐인데 그 빛마저 우리의 부주의 때문에 이내 사라집니다."

그는 우리가 "혈기를 따라 행동하면서도 그것이 열정이라고 착각"하지만 실상은 그렇지 않으며, "다른 사람들에게 당하는 고통은 금방 느끼고 심각하게 여기면서도 정작 자신이 다른 사람들에게 가하는 고통에는 신경 쓰지 않는다"라고 지적한다.

근본 원리는, 마귀는 잠들지 않으며 우리의 육신도 아직 죽지 않았기에 결코 쉬지 않는 원수들의 공격에 늘 대비해야 한다는 것이다. 흔히 하는 말로, 마귀를 테러리스트로 인식하는 것이다.

이 작품은 긴 데다 같은 내용을 되풀이한다. 그러나 이러한 길이와 되풀이까지도, 오늘 우리가 말하듯이, 자신의 문화가 "알지" 못한다는 그의 고뇌 어린 이해를 반영한다고 보아야 한다(우리의 문화는 두말할 필요도 없다).

사람들은 현혹되지 않는 삶을 사는 것이 긴급하다는 생각을 거의 하지 않는다. 사람들은 그리스도께서 가르치신 대로 그리스도인으로 사는 데 무엇이 필요한지 거의 알지 못한다. 사람들은 하루하루를 선하게 살기보다 기분 좋게 살려고 하고, 하나님을 알기보다 뭔가 영적인 느낌을 찾으려 한다.

로잘리 드 로제(Rosalie De Rosset)

발행인의 글

편집자의 글

01 주님이 거하실 내면의 집 22

02 겸손한 복종에 관하여 30

03 선하고 평화로운 사람에 관하여 34

04 순수한 마음과 단순한 의도 38

05 자신을 성찰하는 일에 관하여 42

06 선한 양심이 주는 기쁨에 관하여 46

07 그 무엇보다 예수님을 사랑함에 관하여 50

08 예수님과 나누는 친밀한 대화에 관하여 54

09 아무런 위로도 얻지 못할 때 60

10 하나님의 은혜에 감사함에 관하여 68

11 예수님의 십자가를 사랑하는 사람은 드물다 74

12 거룩한 십자가의 왕도(王道)에 관하여 80

묵상과 적용

01 CHAPTER
주님이 거하실
내면의 집

┌ 1 ┐

주님은 "하나님의 나라는 너희 안에 있느니라"(눅 17:21)라고 하셨습니다. 온 마음을 다하여 주님께 돌아가고(욜 2:12) 비참한 세상을 버리십시오. 그러면 영혼이 안식을 얻을 것입니다.

외적인 것을 멸시하고 내적인 것에 집중하는 법을 배우십시오. 그러면 그대 안에 하나님의 나라가 보일 것입니다. "하나님의 나라는… 오직 성령 안에 있는 의와 평강과 희락"이며 (롬 14:17) 거룩하지 않은 자들에게는 주어지지 않습니다.

그대의 내면에 그리스도께 합당한 집을 준비하면 그리스도께서 그대에게 오셔서 위로해주실 것입니다.

그리스도의 모든 영광과 아름다움은 내면에서 비롯되며(시 45:13), 거기에 그분의 기쁨이 있습니다. 그리스도께서 속사람을 자주 찾아오셔서 달콤한 대화, 유쾌한 위로, 큰 평안, 더없이 놀라운 친밀감을 나누십니다.

2

신실한 영혼이여, 이 신랑을 위해 그대의 마음을 준비하십시오. 그러면 그분이 다가오셔서 그대 안에 거하겠다고 약속하실 것입니다. 그분은 이렇게 말씀하셨기 때문입니다. "사람이 나를 사랑하면 내 말을 지키리니… 우리가 그에게 가서 거처를 그와 함께하리라"(요 14:23).

그러므로 그리스도만 들어오시게 하고 그분 외에는 누구도 들어오지 못하게 하십시오. 그대에게 그분이 계시면 그대는 부자이며 넉넉히 가진 것입니다. 그리스도께서 모든 일에서 그대에게 신실하고 든든한 도움이 되실 것이며, 그대는 사람을 의지할 필요가 없을 것입니다.

사람은 이내 변하고 금방 실망시키지만, 그리스도는 영원히 계시고(요 12:34) 마지막까지 우리 곁을 든든히 지키시기 때문입니다.

3

사람은 연약하고 유한하기에 크게 의지할 바가 못 됩니다(렘 17:5). 설령 그 사람이 그대에게 유익하고 소중하더라도 말입니다. 사람이 이따금 그대를 반대하고 대적하더라도 너무 슬퍼해서는 안 됩니다. 오늘 그대의 편에 선 사람들이 내일이면 그대를 대적할지도 모릅니다. 이들은 바람의 방향처럼 순식간에 변합니다.

하나님을 온전히 신뢰하고(벧전 5:7) 경외하며 사랑하십시오. 하나님께서 그대에게 응답하시고, 그대에게 가장 좋은 것을 행하실 것입니다.

이 땅에는 그대의 영원한 도성(都城)이 없습니다(히 13:14). 그러므로 어디에 있든지 그대는 나그네요 순례자입니다. 내면 깊이 그리스도와 연합하지 않으면 안식을 얻지 못할 것입니다.

4

이 땅은 그대의 안식처가 아닌데 왜 여기저기 기웃거립니까? 그대의 본향은 하늘에 있으므로(빌 3:20) 땅의 모든 것은 지나갈 것으로 보아야 합니다. 모든 것은 지나가며(지혜서 5:9) 그대 또한 그것들과 함께 지나갑니다.

그대의 내면에 그리스도께 합당한 집을 준비하면
그리스도께서 그대에게 오셔서 위로해주실 것입니다

땅의 것에 매여 멸망하지 않도록, 땅의 것에 집착하지 마십시오. 지극히 높으신 분을 생각하고, 쉬지 말고 그리스도께 자비를 구하십시오.

위의 것과 하늘의 것을 묵상할 수 없다면 그리스도의 고난에서 쉼을 찾고 그분의 거룩한 상처에 거하십시오. 주 예수의 상처와 고귀한 상흔을 피난처로 삼으면 환난 날에 큰 위로를 느낄 것이며, 사람들에게 무시당해도 크게 개의치 않고, 비방하는 말을 들어도 쉽게 견뎌낼 것입니다.

> 5

그리스도께서도 세상에 계실 때 사람들에게 멸시받고, 도움이 가장 절실할 때 지인들과 친구들에게 버림과 비방을 당하셨습니다(마 1장, 12:24, 16:21 ; 요 15:20).

그리스도께서는 기꺼이 고난과 멸시를 받으셨는데 그대가 누구라고 다른 사람을 원망한단 말입니까? 그리스도께도 그분을 대적하고 비방하는 자들이 있었습니다. 그런데 그대는 모든 사람이 친구요 은인이기를 바라는 것입니까?

그대에게 역경이 닥치지 않으면 어떻게 인내함으로 면류관을 받겠습니까(딤후 2:5)? 그 어떤 역경도 감내하려 하지 않으면 어떻게 그리스도의 친구가 되겠습니까?

그리스도와 함께 왕 노릇 하기 원한다면, 그리스도와 함께, 그리스도를 위해 고난을 받으십시오.

6

단 한 번이라도 온전히 주 예수님의 내적인 삶에 들어가 그분의 뜨거운 사랑을 조금이라도 맛보았다면, 자신이 편하든 불편하든 개의치 않고 오히려 자신에게 쏟아지는 비방을 기뻐할 것입니다. 예수님을 사랑하면 자신이 아무것도 아니라고 여깁니다.

예수님을 사랑하고 진리를 사랑하며 무절제한 감정에서 자유로운 참된 내적 그리스도인은 자유롭게 하나님께로 돌아서서 성령 안에서 자신을 초월하며 평안한 안식을 누릴 수 있습니다.

7

사람들의 말이나 평가에 휘둘리지 않고 모든 것을 있는 그대로 판단하는 사람은 참으로 지혜롭습니다. 이런 사람은 사람이 아니라 하나님께 가르침을 받습니다(사 54:13). 내적인 삶을 살고 외적인 것을 작게 여길 줄 아는 사람은 신앙 훈련을 할 때 장소나 시간에 매이지 않습니다.

내면이 잘 정돈된 사람은 다른 사람들의
이상하고 비뚤어진 행동에 신경 쓰지 않습니다

영적인 사람은 마음을 재빨리 다잡습니다. 결코 외적인 것에 자신을 완전히 쏟아붓지 않기 때문입니다. 이런 사람은 일시적으로 필요한 노동이나 일에 방해받지 않고, 일이 되어가는 것을 따라서 잘 적응합니다.

내면이 잘 정돈된 사람은 다른 사람들의 이상하고 비뚤어진 행동에 신경 쓰지 않습니다. 외적인 것에 끌릴수록 방해받고 산만해집니다.

8

상황이 순조롭게 돌아가고 그대가 죄를 잘 씻어버린다면 모든 것이 합력하여 그대에게 선을 이루고(롬 8:28) 그대를 진보하게 할 것입니다.

그러나 그대가 아직 자신에 대해 완전히 죽지도 않았고 땅의 모든 것에서 벗어나지도 못했기 때문에, 많은 것이 그대를 불쾌하게 하고 자주 괴롭힙니다.

피조물을 향한 깨끗하지 못한 사랑만큼 마음을 더럽히고 옭아매는 것도 없습니다. 외적인 위로를 거부하면 하늘의 것을 묵상할 수 있고 내적인 기쁨을 자주 얻을 수 있을 것입니다.

02 CHAPTER
겸손한 복종에 관하여

┌ 1 ┐

누가 그대를 위하고 누가 그대를 반대하는지에 연연하지 마십시오(롬 8:31 ; 고전 4:3). 그 대신 자기 일에 마음을 쏟고, 그대가 하는 모든 일에 과연 하나님께서 그대와 함께하시는지 살피십시오.

선한 양심을 가지십시오. 그러면 하나님께서 그대를 잘 보호해주실 것입니다(시 28:7). 하나님께서 도우시려는 사람이라면 그 어떤 악의로도 해칠 수 없기 때문입니다. 조용히 고난 받을 수 있다면 주님이 그대를 도우시는 것을 틀림없이 보게 될 것입니다.

주님은 우리를 언제, 어떻게 구원하실지 아십니다. 그러므로 그분께 자신을 맡겨야 합니다. 우리를 돕고 모든 혼란에서 건져내시는 것이 하나님의 뜻입니다.

사람들이 우리의 결점을 알고 꾸짖는 일이 우리에게 매우 유익하고 우리를 더 겸손하게 할 때가 많습니다.

[2]

사람이 자기 잘못을 겸손하게 인정하면 다른 사람들을 쉽게 진정시키고 자신에게 화난 사람들을 금세 만족시킬 수 있습니다.

하나님은 겸손한 자를 보호하고 구원하십니다(약 3장, 4:6 ; 욥 5:11). 하나님은 겸손한 자를 사랑하고 위로하십니다. 하나님은 겸손한 자에게 몸을 굽히고, 겸손한 자에게 큰 은혜를 베풀며, 겸손한 자를 낮추었다가 높여 영광을 받게 하십니다. 하나님은 겸손한 자에게 그분의 비밀을 드러내고(마 11:25) 겸손한 자를 그분께 따뜻이 이끌며 초대하십니다.

겸손한 사람은 책망받을 때라도 평안이 넘칩니다. 세상이 아니라 하나님을 의지하기 때문입니다. 자신이 모든 사람보다 못하다고 느끼지 않는다면, 자신이 진보했다고 생각하지 마십시오.

하나님은
겸손한 자를 보호하고 구원하십니다
겸손한 자를 사랑하고 위로하십니다
겸손한 자를 그분께 따뜻이 이끌며 초대하십니다
겸손한 자를 낮추었다가 높여 영광을 받게 하십니다

하나님은
겸손한 자에게 몸을 굽히고
겸손한 자에게 큰 은혜를 베풀며
겸손한 자에게 그분의 비밀을 드러내십니다

03 CHAPTER

선하고
평화로운 사람에 관하여

┌ 1 ┐

먼저 자신이 평화롭게 지내십시오. 그래야 다른 사람들에게 평화를 끼칠 수 있습니다. 평화로운 사람은 배운 사람보다 선을 많이 행합니다.

정욕에 물든 사람은 선까지도 악으로 바꾸고 악을 쉽게 믿습니다. 선하고 평화로운 사람은 모든 것을 선으로 바꿉니다(고전 13:5). 평화롭게 잘 사는 사람은 그 누구도 의심하지 않습니다.

그러나 불만과 불안이 가득한 사람은 온갖 의심에 흔들리고, 자신도 안식을 누리지 못할 뿐 아니라 다른 사람들도 안식을 누리지 못하게 합니다.

이런 사람은 하지 말아야 할 말을 자주 하고, 자신이 하면 가장 좋을 일은 하지 않습니다. 이런 사람은 다른 사람들이 해야 할 일은 생각하면서도(마 7:3) 정작 자신이 해야 할 일은 소홀히 합니다.

그러므로 먼저 자신에 대해 조심스럽게 열심을 내십시오(행 1장, 22:3). 그리고 나면 이웃의 선을 위해서도 올바르게 열심을 낼 수 있을 것입니다.

2

그대는 자기 행동은 잘 변명하고 꾸미면서도 다른 사람들의 변명은 받아들이려 하지 않습니다. 자신을 탓하고 형제를 용서하는 쪽이 더 올바릅니다. 다른 사람들이 그대에 대해 참아주기를 바란다면 다른 사람들에 대해 참아주는 법을 배우십시오(갈 6:2 ; 고전 13:7).

자신이 참사랑과 겸손에서 얼마나 멀어졌는지 보십시오. 그대는 다른 사람들에게 화를 내거나 분개할 줄 알면서도 정작 자신에게는 그럴 줄 모르기 때문입니다.

선하고 온유한 사람과 잘 어울리는 것은 대단한 일이 아닙니다. 이것은 모두에게 자연스럽고 즐거운 일이며, 누구라도 평화를 누리고 자신과 생각이 같은 사람을 가장 사랑하려 하기 때문입니다.

그러나 까다롭고 비뚤어진 사람들이나 무질서한 사람들, 자신에게 맞서는 사람들과 평화롭게 살 수 있다면 이것은 큰 은혜이며 더없이 칭찬받을 만하고 용감한 일입니다.

3

자신이 평화롭게 지내며 다른 사람들과도 평화롭게 지내는 사람들이 있습니다.

그 자신이 평화롭게 지내지 못할 뿐 아니라 다른 사람들과도 평화롭게 지내지 못하는 사람들이 있습니다. 이들은 다른 사람들에게 짐이 되지만 언제나 자신에게 더 짐이 됩니다.

자신이 평화롭게 지낼 뿐 아니라 다른 사람들에게 평화를 끼치려 노력하는 사람들이 있습니다.

그렇더라도 이 비참한 삶에서 우리의 온전한 평화는 역경을 겪지 않는 데 있기보다는 고난을 겸손히 감내하는 데 있습니다. 고난을 감내하는 법을 가장 잘 아는 사람이 가장 평화롭게 지낼 것입니다. 이런 사람은 자신을 이기는 자이고, 세상의 주인이며, 그리스도의 친구이고, 천국의 상속자입니다.

다른 사람들이 그대에 대해 참아주기를 바란다면
다른 사람들에 대해 참아주는 법을 배우십시오

04 CHAPTER
순수한 마음과 단순한 의도

1

사람은 두 날개, 곧 단순함과 순수함으로 세상 것을 박차고 비상할 수 있습니다. 의도가 단순하고 마음이 순수해야 합니다. 단순함은 하나님을 향하고 순수함은 하나님을 이해하고 맛봅니다.

내면이 무절제한 애정에서 자유롭다면 그 어떤 선행도 어렵지 않을 것입니다. 오직 하나님의 뜻과 이웃의 유익만 의도하고 구한다면 내적 자유를 온전히 누릴 것입니다.

마음이 진실하고 바르면 모든 피조물이 그대에게 인생을 비추는 거울이 되고 거룩한 가르침을 주는 책이 될 것입니다. 하나님의 선하심을 드러내지 못할 만큼 너무 작고 천한 피조물은 없습니다(롬 1:20).

2

내면이 선하고 순수하면(잠 3:3,4 ; 시 119:100) 아무 방해 없이 모든 것을 잘 보고 이해할 수 있을 것입니다. 순수한 마음은 천국과 지옥을 꿰뚫어 봅니다. 모든 사람은 자신의 내면을 따라 외면을 판단합니다.

세상에 기쁨이 있다면 분명히 마음이 순수한 사람이 차지할 것입니다. 어딘가에 환난과 염려가 있다면 악한 양심이 가장 잘 알 것입니다.

쇠를 불에 던지면 불순물이 사라져 깨끗해지고 빨갛게 달아오르듯, 하나님께 온전히 돌이킨 사람은 모든 나태함을 벗고 변하여 새사람이 됩니다.

3

사람이 미지근해지기 시작하면 작은 수고를 두려워하고 외적 위로를 받으려 합니다. 그러나 자신을 온전히 극복하고 하나님의 길을 담대히 걷기 시작하면 전에는 힘들게 보였던 것들을 가볍게 여기게 됩니다.

사람은 두 날개, 곧 단순함과 순수함으로 세상 것을 박차고 비상할 수 있습니다
단순함은 하나님을 향하고 순수함은 하나님을 이해하고 맛봅니다

05 CHAPTER

자신을
성찰하는 일에 관하여

┌─┐
│1│
└─┘

자신을 너무 신뢰해서는 안 됩니다(렘 17:5). 우리 안에 은혜가 없고 명철도 부족할 때가 많기 때문입니다. 우리 안에 아주 작은 빛이 있을 뿐인데 그 빛마저 우리의 부주의 때문에 이내 사라집니다. 우리가 내면의 어둠을 인지하지 못할 때도 자주 있습니다.

우리는 자주 악을 행하고, 자신을 변명함으로써 더 어리석게 행동합니다(시 141:4). 때로는 혈기를 따라 행동하면서도 그것이 열정이라고 착각합니다.

다른 사람들의 작은 잘못은 비난하면서도 정작 자신의 더 큰 잘못에는 눈을 감아버립니다(마 7:5). 다른 사람들에게 당하는 고통은 금방 느끼고 심각하게 여기면서도 정작 자신이 다른 사람들에게 가하는 고통에는 신경 쓰지 않습니다.

자기 일을 잘 수행하고 바르게 살피는 사람은 다른 사람을 모질게 판단할 이유를 거의 찾지 못할 것입니다.

2

내면이 깊은 그리스도인은 무엇보다 자신을 먼저 살피기를 좋아합니다(마 16:26). 부지런히 자신을 살피는 사람은 다른 사람들에 관해서는 거의 말하지 않습니다.

다른 사람들의 일은 침묵하며 넘어가고 자신을 특히 살피지 않는다면, 결코 내면이 깊은 신앙인이 되지 못할 것입니다. 오롯이 하나님과 자신에게 집중하면 밖에서 무슨 일이 일어나도 거의 요동하지 않을 것입니다(고전 4:3 ; 갈 1:10).

그대가 그대 자신과 함께 있지 않다면 도대체 어디에 있는 것입니까? 자신을 방치하고 소홀히 한다면 모든 목표를 초과 달성한들 무슨 유익이 있습니까?

마음이 평안하고 목적에 진정으로 일치되기를 원한다면 모든 것을 제쳐두고 오로지 자신을 살펴야 합니다.

부지런히 자신을 살피는 사람은
다른 사람들에 관해서는 거의 말하지 않습니다

> 3

현세의 일시적인 모든 염려에서 벗어나면 크게 성장할 것입니다. 무엇이든 이 세상의 일시적인 것을 귀하게 여기면 크게 후퇴할 것입니다.

하나님 바로 그분이나 그분에게 속한 것 외에는 아무것도 큰 것, 고상한 것, 즐거운 것, 받아들일 만한 것으로 여기지 마십시오. 피조물이 주는 모든 위로를 헛되이 여기십시오(전 1:14).

하나님을 사랑하는 영혼은 하나님보다 못한 것은 무엇이든 경멸합니다. 오직 하나님만 영원하고, 무한히 크며, 만물을 충만하게 하고, 마음의 진정한 기쁨이 되십니다.

06 CHAPTER

선한 양심이 주는
기쁨에 관하여

⌐ 1 ⌐

선한 사람의 영광은 선한 양심의 증거입니다(고전 1:31). 선한 양심을 가지십시오. 그러면 늘 기쁠 것입니다. 선한 양심은 아주 많은 것을 감내할 수 있으며, 역경 가운데서도 매우 즐거워합니다.

악한 양심은 늘 두려워하고 불안해합니다(지혜서 17:11). 그대의 마음이 그대를 정죄하지 않으면 달콤한 쉼을 누릴 것입니다. 선을 행하지 않았다면 결코 기뻐하지 마십시오.

죄인들은 결코 참 기쁨을 얻지 못하며 내면의 평안도 느끼지 못합니다. 주님이 "악인에게는 평강이 없다"(사 57:21)라고 하셨기 때문입니다.

악인들이 "우리는 평안하며 그 어떤 재앙도 우리에게 임하지 않을 것이다(눅 12:19). 누가 감히 우리를 해치겠느냐?"라고 말하더라도 믿지 마십시오. 하나님의 진노가 갑자기 일어나며 이들의 행위가 물거품으로 돌아가고 이들의 생각은 허망해질 것이기 때문입니다.

2

환난을 즐거워하는 것은 사랑하는 자에게 그리 어려운 일이 아닙니다. 그는 환난을 즐거워함으로써 주님의 십자가를 자랑하기 때문입니다(롬 8장, 5:3 ; 갈 6:14).

사람들끼리 주고받는 영광은 짧습니다(요 5:44). 세상 영광은 언제나 슬픔을 동반합니다. 선한 사람의 영광은 사람들의 입이 아니라 자기 양심에 있습니다. 의인의 즐거움은 하나님에게서 나고(고후 3:5) 하나님 안에 있으며, 의인의 기쁨은 진리에서 옵니다.

참되고 영원한 영광을 바라는 사람은 일시적인 것에 마음을 두지 않습니다. 일시적인 영광을 구하거나, 그것을 마음으로부터 멸시하지 않는 사람은 자신이 하늘의 영광을 별로 사랑하지 않는다는 것을 드러내는 것입니다. 사람들의 칭찬이나 비난에 개의치 않는 사람의 마음은 큰 평온을 누립니다.

3

양심이 깨끗한 사람은 쉽게 만족하고 평안할 것입니다. 칭찬받는다고 더 거룩해지는 것이 아니며, 비난받는다고 더 가치가 없어지는 것도 아닙니다. 지금 모습 그대로가 그대이며, 누구도 그대를 하나님의 눈에 비친 모습보다 더 크다고 말할 수 없습니다. 자신 속에 무엇이 있는지를 생각하면 사람들이 그대에 대해 뭐라고 말하든 상관하지 않을 것입니다.

사람은 외모를 보지만 하나님은 마음을 보십니다(삼상 16:7). 사람은 행위를 살피지만 하나님은 의도를 달아보십니다.

언제나 선을 행하고 자신을 작게 여기는 것은 겸손의 표시입니다. 어떤 피조물의 위로도 구하지 않는 것은 아주 순수하고 내적 확신이 있다는 표시입니다.

4

자신을 위한 증인을 밖에서 찾지 않는 것은 자신을 하나님께 온전히 내어 맡겼다는 표시입니다. 바울은 "옳다 인정함을 받는 자는 자기를 칭찬하는 자가 아니요 오직 주께서 칭찬하시는 자니라"(고후 10:18)라고 했습니다.

내적으로 하나님과 동행하고 외적인 감정에 매이지 않는 것이 영적인 사람의 상태입니다.

칭찬받는다고 더 거룩해지는 것이 아니며,
비난받는다고 더 가치가 없어지는 것도 아닙니다

@도성윤

07 CHAPTER

그 무엇보다 예수님을
사랑함에 관하여

1

예수님을 사랑하는 것이 무엇인지 알고 예수님 때문에 자신을 낮추는 사람은 복이 있습니다(시 119:1,2). 사랑하는 분을 위해 그대가 사랑하는 것을 내려놓아야 합니다(신 6:5 ; 마 22:37). 오직 예수님을 그 무엇보다 사랑해야 하기 때문입니다.

피조물의 사랑은 부정직하고 변덕스럽습니다. 예수님의 사랑은 신실하며 영원합니다. 피조물에 집착하는 사람은 연약한 그것과 함께 넘어질 것입니다. 예수님을 품는 사람은 영원히 굳게 설 것입니다.

예수님을 사랑하고 친구로 삼으십시오. 모든 것이 떠나갈 때라도 그분은 그대를 버리지 않으시고 마지막에 그대가 멸망하게 두지 않으실 것입니다. 원하든 원하지 않든 언젠가 그대는 모든 것과 헤어져야 할 것입니다.

[2]

사나 죽으나 예수님을 단단히 붙들고 신실하신 그분께 자신을 의탁하십시오. 모두가 실망시킬 때 그분만이 그대를 도우실 수 있습니다.

그대가 사랑하는 분은 그 어떤 경쟁자도 허락지 않으십니다. 그분은 홀로 그대의 마음을 소유하고 왕으로서 좌정하기를 원하십니다. 그대가 모든 피조물로부터 완전히 자유로울 수 있다면 예수님이 기꺼이 그대와 함께 거하고자 하실 것입니다.

예수님 외에 사람에게 의탁한다면, 의탁한 것이 무엇이든 모두 잃어버린 것이나 마찬가지입니다. 바람에 흔들리는 갈대를 신뢰하지도 말고 의지하지도 마십시오. 모든 육체는 풀이요 모든 육체의 영광은 들의 꽃처럼 시들기 때문입니다(사 40:6).

예수님 외에 사람에게 의탁한다면,
의탁한 것이 무엇이든 모두 잃어버린 것이나 마찬가지입니다

3

사람의 외모만 본다면 금방 속을 것입니다. 사람의 외모에서 위로나 유익을 구하면 너무나 자주 상실감을 느낄 것이기 때문입니다.

모든 일에서 예수님을 구하면 틀림없이 그분을 찾게 될 것입니다. 그러나 자신을 구하면 자신을 찾기는 하겠지만 자신에게 해가 될 것입니다.

사람이 예수님을 구하지 않으면, 그 사람이 온 세상과 그의 모든 대적이 끼치는 것보다 더 큰 해를 자기 자신에게 끼칠 것이기 때문입니다.

08 CHAPTER

예수님과 나누는 친밀한 대화에 관하여

⌈ 1 ⌉

예수님이 함께하실 때는 모든 것이 잘 되고 아무것도 어려워 보이지 않습니다. 반면 예수님이 함께하지 않으실 때는 모든 것이 힘듭니다.

예수님이 우리의 내면에 말씀하지 않으실 때 다른 모든 위로는 가치가 없습니다. 그러나 예수님이 한 말씀만이라도 하시면 우리는 큰 위로를 느낍니다.

마르다가 "선생님이 오셔서 너를 부르신다"(요 11:28)라고 했을 때 마리아는 울고 있던 자리에서 즉시 일어나지 않았습니까? 예수님이 그대를 눈물의 자리에서 불러내어 영적 기쁨의 자리로 옮겨주실 때야말로 행복한 시간입니다!

예수님이 없으면 그대의 삶이 얼마나 메마르고 힘겹겠습니까! 예수님 외에 다른 무엇인가를 바란다면 얼마나 어리석고 헛되겠습니까! 온 세상을 잃는 것보다 더 큰 손실이 아닙니까 (마 16:26)?

2

예수님이 없으면 세상이 그대에게 무슨 유익이 되겠습니까? 예수님 없이 사는 것이 끔찍한 지옥이고 예수님과 함께 사는 것이 달콤한 낙원입니다. 예수님이 그대와 함께 계신다면 그 어떤 원수도 그대를 해칠 수 없을 것입니다(롬 8:35).

예수님을 찾은 사람은 좋은 보화를 찾은 것이며(마 13:44), 모든 좋은 것보다 더 좋은 것을 찾은 것입니다. 예수님을 잃은 사람은 참으로 많은 것을 잃었으며, 온 세상을 잃은 것보다 많이 잃은 것입니다!

예수님 없이 사는 사람이 가장 가난하고(눅 12:21), 예수님과 함께 잘 사는 사람이 가장 부유합니다.

3

예수님과 대화하는 법을 아는 것은 대단한 기술이며 예수님을 곁에 모시는 법을 아는 것은 대단한 지혜입니다.

겸손하고 평화를 사랑하십시오. 그러면 예수님이 그대와 함께하실 것입니다(잠 3:17). 경건하며 평온을 유지하십시오. 그러면 예수님이 그대의 곁에 머무실 것입니다.

외적인 것에 눈을 돌리면 곧 예수님을 쫓아내고 그분의 은혜를 잃게 될 것입니다. 예수님을 쫓아내고 그분을 잃으면 어디로 피하고 누구를 친구로 삼겠습니까? 친구가 없으면 잘 살 수 없습니다. 무엇보다 예수님을 친구로 두지 못하면 참으로 슬프고 쓸쓸할 것입니다. 그러므로 다른 누군가를 신뢰하거나 기뻐한다면 바보 같은 행동입니다(갈 6:14).

예수님이 그대에게 화내시게 하느니 차라리 온 세상을 적으로 삼는 편이 낫습니다. 우리에게 소중한 모든 것 중에서 오직 예수님을 특별히 사랑하십시오.

4

예수님 때문에 모두를 사랑하되, 예수님은 그분 자체로 사랑하십시오. 예수 그리스도만이 특별히 사랑해야 할 분입니다. 그분만이 모든 친구보다 선하고 신실하십니다.

예수님 없이 사는 사람이 가장 가난하고,
예수님과 함께 잘 사는 사람이 가장 부유합니다

예수님 때문에, 그리고 예수님 안에서 친구뿐 아니라 원수까지 사랑하십시오. 이들 모두가 예수님을 알고 사랑하도록 기도하십시오(마 5:44 ; 눅 6:27,28).

특별히 칭찬받거나 사랑받기를 바라지 마십시오. 이런 것은 그 누구와도 비길 데 없는 분이신 하나님께만 돌려야 하기 때문입니다.

누군가 그대에게 마음 쏟기를 바라지 말고, 그대의 마음을 누군가를 사랑하는 데 쏟지도 마십시오. 예수님이 당신 안에, 그리고 모든 선한 사람 안에 계시게 하십시오.

[5]

그대의 내면을 순수하고 자유롭게 하십시오. 그대의 마음이 그 어떤 피조물에도 얽매이지 않게 하십시오.

주님이 얼마나 아름다운 분인지 자유롭게 숙고(熟考)하고 또 알고 싶다면, 그분 앞에 벌거벗고 자신을 열어놓은 채 순수한 마음으로 그분을 향해야 합니다.

진정으로 주님의 은혜에 이끌리지 않으면 모든 것을 던져버리고 오직 그분과 하나 되는 데서 오는 행복을 결코 맛보지 못할 것입니다. 사람은 하나님의 은혜가 임했을 때 모든 것을 할 수 있기 때문입니다.

하나님의 은혜가 떠나면 그 사람은 궁핍하고 약해지며, 채찍질 당하도록 넘겨진 사람처럼 됩니다.

이런 상황에 처하더라도 낙심하거나 절망해서는 안 됩니다. 오히려 하나님의 뜻을 끈질기게 의지하고, 무슨 일이 닥치더라도 예수 그리스도의 영광을 위해 견디십시오. 겨울이 지나면 여름이 오고, 밤이 지나면 낮이 다시 오며, 폭풍이 지나면 더없는 고요함이 오기 때문입니다.

09 CHAPTER

아무런 위로도
얻지 못할 때

1

하나님의 위로가 있을 때는 사람의 위로를 멸시하기가 어렵지 않습니다. 사람의 위로도 없고 하나님의 위로도 없을 때 하나님의 영광을 위해, 유배당한 듯한 마음을 즐겁게 견디며 아무 일에도 자신을 추구하지 않을 뿐 아니라 자신의 공로를 내세우지 않는 것은 아주 대단한 일입니다(빌 2:12).

은혜가 임했을 때 즐거워하고 믿음을 보이는 것이 대단한 일이겠습니까? 모든 사람이 이런 순간을 바랍니다.

하나님의 은혜가 임한 사람은 아주 쉽게 달려나갑니다. 전능자에게 업혀 최고의 인도자에게 안내를 받는 사람이 자기 짐의 무게를 느끼지 않는 것이 놀라운 일이겠습니까?

2

우리는 늘 우리를 위로할 만한 것을 찾으려 합니다. 자신을 벗어버리기란 절대 쉽지 않습니다.

거룩한 순교자 라우렌티우스는 그의 사제와 함께, 세상을 이겼습니다. 세상에서 즐거워 보이는 모든 것을 경멸하고, 그가 가장 사랑하던 하나님의 대사제 식스투스가 떠나는 것을 그리스도에 대한 사랑으로 참고 견뎠기 때문입니다(2세기 교황 식스투스 2세는 발레리아누스 황제가 기독교를 박해할 때 순교했으며, 라우렌티우스도 며칠 뒤 순교했다). 그는 창조주에 대한 사랑으로 사람에 대한 사랑을 이겼으며, 사람의 위로보다 하나님을 기쁘게 하는 것을 선택했습니다.

당신도 하나님에 대한 사랑 때문에 가깝고 소중한 친구까지 떠나보내는 법을 배우십시오. 친구에게 버림받더라도 너무 괴로워하지 마십시오. 우리 모두 결국 헤어져야 하기 때문입니다.

3

자신을 온전히 이기고 온 마음이 하나님을 향하게 하려면 내면에서 오랫동안 치열하게 싸워야 합니다. 자신을 신뢰하면 사람의 위로를 바라기 쉽습니다.

우리는 늘 우리를 위로할 만한 것을 찾으려 합니다
자신을 신뢰하면 사람의 위로를 바라기 쉽습니다

그러나 그리스도를 진정으로 사랑하며 부지런히 덕을 쌓으려는 사람은 위로를 의지하지 않고, 오히려 열심히 훈련하고 그리스도를 위해 힘든 수고를 견딥니다.

4

하나님이 영적 위로를 주시면 감사하게 받으십시오. 그러나 그 위로가 그대의 공로에서 온 것이 아니라 하나님의 선물이라는 것을 명심하십시오.

우쭐대지 말고, 너무 기뻐하지도 말며, 쓸데없이 주제넘게 굴지도 마십시오. 오히려 그 선물 때문에 더 겸손하고 모든 행동에서 더 조심하며 두려워하십시오. 그때가 지나고 유혹이 뒤따를 것이기 때문입니다.

위로가 그대를 떠날 때 곧바로 절망하지 마십시오. 오히려 겸손하게 인내하며 하늘의 위로를 기다리십시오. 하나님께서 그대에게 더 풍성한 위로를 다시 주실 수 있기 때문입니다.

이것은 하나님의 길을 경험한 사람들에게 새롭지도 않고 이상하지도 않습니다. 훌륭한 성도들과 옛 선지자들도 이런 우여곡절을 자주 겪었기 때문입니다.

[5]

이런 까닭에, 하나님의 은혜를 누린 사람이 말했습니다. "내가 형통할 때에 말하기를 영원히 흔들리지 아니하리라 하였도다"(시 30:6).

그러나 은혜가 떠났을 때는 이렇게 말했습니다. "주의 얼굴을 가리시매 내가 근심하였나이다"(시 30:7).

그러나 그는 이 모든 상황에서 절망하지 않았고 주님께 더 간절히 기도했습니다. "여호와여 내가 주께 부르짖고 여호와께 간구하겠습니다"(시 30:8).

마침내 그는 기도의 열매를 받았고, 자신의 기도가 응답되었다고 증언했습니다. "여호와께서 내 기도를 들으시고 나를 불쌍히 여기시며 나를 돕는 자가 되셨습니다"(시 30:10).

하나님이 어떻게 그렇게 하셨습니까? "주께서 나의 슬픔이 변하여 내게 춤이 되게 하시며 나의 베옷을 벗기고 기쁨으로 띠 띠우셨나이다"(시 30:11).

위대한 성도들이 이런 일을 겪었다면, 연약하고 가련한 우리는 때로 뜨거웠다가 때로 차가웠다가 하더라도 절망하지 말아야 합니다. 성령께서 그분의 기쁜 뜻을 따라서 오기도 하고 가기도 하시기 때문입니다(요 3:8).

이런 까닭에, 복된 욥은 이렇게 말했습니다. "아침마다 권

징하시며 순간마다 단련하시나이까"(욥 7:18).

> 6

그러므로 내가 오직 하나님의 큰 자비와 하늘에서 내리는 은혜 외에 그 무엇을 소망하며 신뢰할 수 있겠습니까?

신앙의 형제들이든 신실한 친구들이든 나에게 선한 사람들이 있거나, 거룩한 책이나 아름다운 글이나 향기로운 노래와 찬송이 나에게 있더라도, 은혜가 내게서 떠나고 내가 가련한 처지에 놓일 때면 이 모두가 내게 별 도움이 되지 못하고 별 감흥을 주지 못합니다.

이럴 때 가장 좋은 치료책은 인내이며, 하나님의 뜻을 따라 자기를 부인하는 것입니다(눅 9:23).

> 7

아무리 신앙적이고 경건한 사람이라도 은혜가 자신을 떠나거나 열정이 식는 일을 이따금 겪게 마련입니다. 아무리 기쁨이 넘치고 큰 깨달음을 얻은 성도라도 처음부터 끝까지 시험을 한 번도 받지 않은 사람은 없습니다.

하나님을 위하여 환난을 통해 훈련받지 않은 사람은 하나님을 깊이 묵상할 자격이 없기 때문입니다. 또한 시험이 온다는 것은 위로가 뒤따른다는 표시이기 때문이며, 시험을 이기는 사람들에게 하늘의 위로가 약속되어 있기 때문입니다. 주님은 "이기는 그에게는 내가 하나님의 낙원에 있는 생명나무의 열매를 주어 먹게 하리라"라고 하셨습니다(계 2:7).

8

사람에게 하나님의 위로를 주시는 것은 그가 더 강해져서 역경을 견딜 수 있게 하기 위해서입니다. 거기에 시험도 뒤따르는데, 이는 그가 그 어떤 선도 자랑하지 못하도록 하기 위해서입니다.

  마귀는 잠을 자지 않으며(벧전 5:8) 우리의 육신도 아직 죽지 않았습니다. 그러므로 쉬지 말고 싸움을 준비하십시오. 그대의 좌우편에 결코 쉬지 않는 원수들이 있기 때문입니다.

위로가 그대를 떠날 때 곧바로 절망하지 마십시오
오히려 겸손하게 인내하며 하늘의 위로를 기다리십시오

10 CHAPTER
하나님의 은혜에 감사함에 관하여

┌ 1 ┐

그대는 수고하기 위하여 태어났는데(욥 5:7) 왜 쉬기를 구합니까? 위로를 구하기보다 인내하고, 기쁨을 구하기보다 십자가를 지려고 하십시오(눅 14:27).

늘 영적 기쁨과 위로를 얻을 수 있다면 그것을 얻으려 하지 않을 사람이 세상에 어디 있겠습니까? 영적 위로는 세상의 모든 기쁨과 육신의 모든 쾌락을 능가하기 때문입니다. 세상의 모든 기쁨은 헛되거나 추하지만, 오직 영적 기쁨은 유쾌하고 정직하며 덕에서 비롯되고 하나님께서 순전한 마음에 불어넣으시는 것이기 때문입니다.

그러나 그 누구라도 이러한 하나님의 위로를 자신이 원하는 대로 항상 누릴 수는 없습니다. 유혹과 시험의 순간이 곧 찾아오기 때문입니다.

2

마음의 거짓 자유와 자기 과신은 하늘에서 오는 것들과 전혀 다릅니다.

하나님은 위로의 은혜를 주심으로써 우리에게 선을 행하시지만, 사람은 하나님께 감사하지 않음으로써 악을 행합니다. 그래서 은혜의 선물이 우리 안에 흘러들지 못합니다. 우리가 그 선물을 주시는 분에게 감사하지 않고, 그 선물을 그 근원으로 온전히 되돌리지도 않기 때문입니다(집회서 1:5).

언제나 은혜는 마땅히 감사하는 자에게 주어지는 것이기 때문에 교만한 자는 은혜를 빼앗기고 겸손한 자가 그 은혜를 얻을 것입니다.

3

나는 내가 통회하지 못하게 막는 위로를 바라지 않으며 마음을 교만하게 하는 묵상도 좋아하지 않습니다.

고상하다고 다 거룩한 것이 아니며 아름답다고 다 선한 것이 아닙니다. 모든 바람이 다 순수한 것이 아니며 우리에게 소

고상하다고 다 거룩한 것이 아니며
우리에게 소중하다고
다 하나님을 기쁘게 하는 것이 아닙니다

중하다고 다 하나님을 기쁘게 하는 것이 아닙니다.

나를 더 겸손하게 하고 거룩한 경외심을 일으키며 더욱 자기를 부인하게 하는 은혜를 나는 기꺼이 받아들이겠습니다.

은혜의 선물을 주실 때 가르침을 받고 은혜를 거두어 가실 때 훈련받는 사람은 그 어떤 선도 자신에게 돌리지 않고 오히려 자신이 궁핍하고 헐벗었음을 인정합니다.

하나님의 것을 하나님께 드리고(마 22:21) 그대의 것을 그대에게 돌리십시오. 다시 말해, 하나님의 은혜에 대해 하나님께 감사하고, 그대에게 돌릴 것은 죄와 그 죄로 인한 형벌뿐임을 인정하라는 것입니다.

4

언제나 자신을 가장 낮은 자리에 두십시오(눅 14:10). 그러면 가장 높은 자리를 얻을 것입니다. 가장 낮은 자리가 없으면 가장 높은 자리도 있을 수 없기 때문입니다.

하나님 앞에서 가장 큰 성도는 자신이 판단하기에 가장 작은 자입니다. 이들은 영광스러운 자리에 오를수록 내적으로 더 겸손해집니다. 진리와 하늘 영광으로 충만한 사람들은 헛된 영광을 바라지 않습니다. 하나님 안에 단단히 뿌리 내린 사람들은 결코 교만할 수 없습니다.

무엇이든 좋은 것을 받으면 하나님께서 주셨다고 생각하는 사람들은 서로에게서 영광을 구하지 않고 오직 하나님으로부터만 오는 영광을 바랍니다. 자신과 모든 성도가 무엇보다 하나님을 찬양하기 바라고, 언제나 바로 그렇게 하려고 합니다.

5

그러므로 지극히 작은 선물에 감사하십시오. 그러면 더 큰 선물을 받을 만한 사람이 될 것입니다. 가장 작은 선물도 가장 크게 여기고, 가장 보잘것없는 선물이라도 특별한 가치를 지닌 것으로 여기십시오.

그대가 선물을 주시는 분의 가치를 생각한다면 그 어떤 선물도 작거나 하찮아 보이지 않을 것입니다. 지극히 높으신 하나님께서 주신 것이라면 그 어떤 것도 작을 수 없기 때문입니다.

그렇습니다. 그분이 형벌과 채찍을 주시더라도 감사해야 합니다. 우리에게 어떤 일이 일어나도록 허락하시든지 그분은 항상 우리의 유익을 위해 그렇게 하시기 때문입니다.

하나님의 은혜를 간직하려는 사람은 받은 은혜에 감사하고, 은혜를 거두어 가실 때 인내해야 합니다. 은혜가 돌아오도록 기도하고, 은혜를 잃지 않도록 조심하고 겸손해야 합니다.

그대가 선물을 주시는 분의 가치를 생각한다면
그 어떤 선물도 작거나 하찮아 보이지 않을 것입니다

11 CHAPTER

예수님의 십자가를 사랑하는 사람은 드물다

┌ 1 ┐

예수님이 말씀하신 천국을 사랑하는 사람은 많지만, 그분의 십자가를 지는 사람은 거의 없습니다.

예수님에게서 안락함을 얻으려는 사람은 많지만, 환난을 받으려는 사람은 거의 없습니다.

예수님과 함께 식탁에 앉으려는 사람은 많지만, 그분과 함께 금식하려는 사람은 거의 없습니다.

모두가 예수님과 함께 기뻐하기를 바라지만, 그분을 위해서나 그분과 함께 무엇인가를 견디려는 사람은 거의 없습니다.

떡을 떼는 자리까지 예수님을 따르는 사람은 많지만, 고난의 잔을 마시는 자리까지 예수님을 따르는 사람은 거의 없습니다(눅 9:14, 22:41,42).

예수님이 베푸신 이적에 경의를 표하는 사람은 많지만, 그분의 지신 치욕의 십자가를 따르는 사람은 거의 없습니다.

환난이 닥치지 않는 한, 예수님을 사랑하는 사람은 많습니다. 예수님에게서 안락함을 얻는 한, 그분을 찬양하고 송축하는 사람은 많습니다. 그러나 이들은 예수님이 자신을 숨기고 잠시 떠나시면 불평을 쏟아내거나 깊은 낙담에 빠집니다.

2

그러나 특별히 어떤 위로를 받기 위해서가 아니라 예수님 때문에, 예수님이 좋아서 예수님을 사랑하는 사람들은 고난받고 마음이 괴로울 때도 더없이 안락하게 지낼 때처럼 예수님을 송축합니다.

예수님이 이들에게 아무런 위로나 안락함을 주려고 하지 않으실지라도 이들은 항상 주님을 찬양하고 늘 그분께 감사하려 할 것입니다.

3

이기심이나 자기 사랑이 섞이지 않은, 예수님을 향한 순수한 사랑이 얼마나 강한지요!

늘 안락함만 구하는 사람들이라면 삯꾼이라 불러야 하지 않겠습니까? 늘 자기 이익을 생각하는 사람들은 그리스도를 사랑하기보다는 자신을 사랑한다는 것을 드러내지 않습니까 (빌 2:21)?

아무것도 바라지 않고 하나님을 섬기려는 사람을 어디서 찾을 수 있겠습니까?

┌─────┐
│ 4 │
└─────┘

세상 모든 것에 대한 사랑을 버릴 만큼 영적인 사람을 찾는 것은 아주 드문 일입니다. 진정으로 마음이 가난하고 모든 피조물로부터 자유로운 사람을 어디서 찾을 수 있을까요? 그런 사람은 멀리서, 땅끝에서 가져온 진주보다 값집니다(잠 31:10).

사람이 자기 재산을 모두 내어주더라도 아무것도 아닙니다. 깊이 회개하더라도 여전히 작은 일입니다. 모든 지식에 통달하더라도 여전히 한참 멀었습니다. 큰 덕을 쌓고 신앙이 매우 뜨겁더라도 여전히 부족한 것이 많습니다. 특히, 그에게 꼭 필요한 한 가지가 부족합니다.

그것이 무엇입니까? 모든 것을 내려놓고 자신을 버리는 것, 자신에게서 온전히 벗어나는 것(마 16:24), 자신에 대한 사랑을 하나도 남겨두지 않는 것입니다. 그리고 자기가 알고 있는 한 자신이 해야 할 일을 다 행한 후에는 자기가 한 일이 아무것도 없다고 생각해야 합니다.

5

대단하게 여겨질 만한 일을 했더라도 자신을 대단하게 여겨서는 안 되며 자신은 진실로 무익한 종일 뿐이라고 고백해야 합니다. 진리 자체이신 분이 이렇게 말씀하신 것같이 말입니다. "이와 같이 너희도 명령받은 것을 다 행한 후에 이르기를 우리는 무익한 종이라 우리가 하여야 할 일을 한 것뿐이라 할지니라"(눅 17:10).

이런 사람이라면 진정 마음이 가난하고 그대로 드러난 사람일 것이며, 선지자와 함께 "나는 외롭고 괴롭습니다"(시 25:16)라고 말할 것입니다.

그러나 이런 사람보다 부유한 사람이 없고, 이런 사람보다 강한 사람이 없으며, 이런 사람보다 자유로운 사람이 없습니다. 이런 사람은 자신과 모든 것을 내려놓고 자신을 가장 낮은 자리에 둘 수 있기 때문입니다.

12 CHAPTER

거룩한 십자가의
왕도(王道)에 관하여

|1|

"자기를 부인하고 자기 십자가를 지고 나를 따를 것이니라"(마 16:24).

많은 사람에게 이 말씀은 힘들어 보입니다. 그러나 마지막에 "저주를 받은 자들아 나를 떠나… 영원한 불에 들어가라"(마 25:41)라는 말씀을 듣는 것이 훨씬 힘들 것입니다. 지금 십자가의 말씀을 듣고 따르려는 자들은 그때 영원한 형벌이 선고될까 봐 두려워하지 않을 것입니다(시 112:7).

주님이 오셔서 심판하실 때 이 십자가의 표시가 하늘에 있을 것입니다. 그때, 십자가에 못 박히신 그리스도를 평생 따른 십자가의 종들은 모두 재판장이신 그리스도 앞에 아주 담대하게 나아갈 것입니다.

> 2

그런데 그대는 어째서 그대를 천국으로 인도하는 십자가 지는 것을 두려워합니까?

십자가에 구원이 있고, 십자가에 생명이 있고, 십자가에 적들이 우리를 해치지 못하게 하는 보호가 있으며, 십자가에 천국의 향기가 있고, 십자가에 마음의 힘이 있고, 십자가에 영혼의 기쁨이 있으며, 십자가에 고귀한 덕이 있고, 십자가에 완전한 거룩이 있습니다.

십자가 외에는 어디에도 영혼의 구원이 없고 영생의 소망도 없습니다.

자기 십자가를 지고 예수님을 따르십시오(눅 14:27). 그러면 영생에 들어갈 것입니다. 예수께서 먼저 자신의 십자가를 지시고(요 19:17) 그대를 위해 십자가에서 돌아가셨습니다. 그것은 당신도 자기 십자가를 지고 십자가에서 죽으려는 마음을 갖게 하기 위해서입니다.

예수님과 함께 죽으면 또한 그분과 함께 살 것입니다. 그리고 그분과 함께 고난당하면 또한 그분과 함께 영광에 참여할 것입니다(고후 1:5).

3

보십시오! 모든 것이 십자가에 있고 모든 것이 우리가 십자가에서 죽는 것에 달렸습니다. 거룩한 십자가의 길, 날마다 죽는 길 외에는 생명에 이르는 다른 길, 진정한 내적 평안에 이르는 다른 길이 없기 때문입니다.

그대가 가고 싶은 곳으로 가서 무엇이든 그대가 원하는 것을 구해보십시오. 거룩한 십자가의 길보다 더 높은 길도, 더 안전한 길도 찾을 수 없을 것입니다.

모든 것을 그대의 뜻과 판단대로 처리해보십시오. 그대가 원하든 원하지 않든 그대는 어느 정도 고난을 겪을 수밖에 없고, 따라서 십자가를 발견할 것입니다. 몸의 고통이든 영혼의 고통이든, 영적 고난을 겪을 것입니다.

4

그대는 때로 하나님께 버림받고 때로 이웃에게 고통당할 것입니다. 더 나아가, 자신이 진저리나게 싫어질 때가 자주 있을 것입니다.

그대는 그 어떤 치료나 위로로도 이 고통에서 벗어나지 못하며 이 고통을 덜 수도 없습니다. 그것이 하나님을 기쁘시게 하는 한 그대는 이 고통을 견뎌야 합니다.

하나님께서 그대가 위로받지 못한 채 환난을 겪는 법을 배우게 하시며, 이로써 그대가 그분에게 온전히 복종하고 환난을 통해 더 겸손해지게 하실 것이기 때문입니다.

그리스도께서 겪으신 것과 같은 고난을 직접 체험한 사람이 아니고는 그리스도의 고난을 절감할 수 없습니다.

십자가는 언제나 준비되어 있으며 어디서나 그대를 기다립니다. 그대가 어디로 달아나든 십자가를 피할 수 없습니다. 그대는 어디를 가든 자신을 데려갈 것이고 늘 자신을 볼 것이기 때문입니다. 위쪽이든 아래쪽이든, 바깥쪽이든 안쪽이든, 그대가 어느 쪽으로 향하더라도 어디서든 십자가를 발견할 것입니다.

내면의 평안을 찾고 영원한 면류관을 누리고 싶다면 어디서든 인내하지 않으면 안 됩니다.

| 5 |

즐겁게 십자가를 지면 십자가가 그대를 지고 그대가 바라던 목적지에 데려다줄 것입니다. 이 땅에는 없지만, 그곳은 고통이 끝나는 곳입니다.

마지못해 십자가를 진다면 자신에게 짐을 하나 더 지워 그대를 더 무겁게 하는 것이지만, 그래도 십자가를 져야 합니다.

거룩한 십자가의 길, 날마다 죽는 길 외에는
생명에 이르는 다른 길, 진정한 내적 평안에 이르는 다른 길이 없습니다

만일 십자가를 벗어버린다면 틀림없이 또 다른 십자가, 어쩌면 더 무거운 십자가를 만날 것입니다.

6

지금까지 아무도 피하지 못한 것을 그대는 피할 수 있으리라고 생각합니까? 세상의 성도들 가운데 십자가와 환난이 없었던 사람이 있습니까?

우리 주 예수 그리스도께서도 세상에 사실 때 고난의 고통을 겪지 않은 적은 한순간도 없었기 때문입니다. 그분은 "그리스도가 이런 고난을 받고 자기의 영광에 들어가야 할 것이 아니냐"(눅 24:26)라고 말씀하셨습니다.

그런데 어떻게 당신은 이 왕도(王道), 곧 거룩한 십자가의 길 외에 다른 길을 구한단 말입니까?

7

그리스도의 생애 전체가 십자가요 순교였습니다. 그런데도 그대는 자신을 위해 안식과 기쁨을 구합니까? 고난받는 일 외에 무엇인가를 구한다면, 그대는 속은 것입니다. 속고 있는 것입니다. 유한한 인생 전체가 비극으로 가득하며(욥 7:1) 사방으로 십자가에 에워싸여 있기 때문입니다.

영적으로 성숙할수록 훨씬 무거운 십자가를 만날 때가 많습니다. 하나님을 향한 사랑이 커질수록 자신이 나그네라는 슬픔도 커지기 때문입니다.

┌─────┐
│ 8 │
└─────┘

이런 사람은 숱한 고난을 당해도 늘 새로운 위로를 받습니다. 자기 십자가를 짐으로써 자신에게 아주 많은 유익을 쌓는다는 것을 알기 때문이고, 기꺼이 십자가를 질 때 모든 고난의 짐이 하나님의 위로에 대한 확신으로 바뀌기 때문입니다. 육체가 환난에 쇠약해질수록 그 영혼은 내면의 은혜로 강해집니다.

때로는 그리스도의 십자가를 사랑한 나머지, 고난과 역경을 바라면서 큰 위로를 받습니다. 그래서 슬픔과 고난이 없기를 바라지 않습니다(고후 4:16, 11:23-30). 자신이 하나님을 위해 더 많은 짐과 더 무거운 짐을 질수록 더욱 하나님께서 받으실 만한 사람이 되리라 믿기 때문입니다.

연약한 육체로 이렇게 많은 일을 할 수 있고 또 그렇게 하는 것은 자신의 능력이 아니라 그리스도의 은혜 때문입니다. 그래서 육신이 본성적으로 늘 싫어하고 피하려는 일을 영혼의 열정으로 마주하고 사랑합니다.

┌ 9 ┐

십자가를 지는 것, 십자가를 사랑하는 것, 몸을 쳐서 복종시키는 것, 높임 받기를 피하는 것, 기꺼이 책망을 듣는 것, 자신을 멸시하고 또 멸시받기를 바라는 것, 모든 역경과 손해를 견디는 것, 세상에서 번영을 바라지 않는 것은 사람의 타고난 성향으로는 되지 않습니다.

자신을 의지하면 이러한 것 중 하나도 이루지 못할 것입니다(고후 3:5). 그러나 주님을 신뢰하면 하늘로부터 굳센 용기가 임하고 세상과 육신이 그대의 명령에 복종할 것입니다. 믿음으로 무장하고 십자가의 표를 가지면 원수 마귀가 두렵지 않을 것입니다.

┌ 10 ┐

그러므로 그대는 그리스도의 착하고 충성된 종답게, 그대를 사랑해서 그대를 위해 십자가에 못 박히신 주님의 십자가를 담대하게 지십시오.

비참한 인생길에서 많은 역경과 시련을 견딜 수 있도록 준비하십시오. 그대가 어디를 가든 역경과 시련이 떠나지 않을 것이며 어디에 숨든 역경과 고난을 만날 것이기 때문입니다. 그러므로 달리 방법이 없습니다. 환난과 슬픔을 피할 묘책이 없습니다. 직접 견디는 수밖에 없습니다.

주님의 친구가 되어 그분과 함께하고 싶다면 주님의 잔을 진심으로 마셔야 합니다(마 20:23 ; 요 18:11). 위로는 하나님께 맡기고, 하나님께서 그분의 기쁘신 뜻대로 행하시게 하십시오.

결연히 고난당하려 하고, 고난을 가장 큰 위로로 여기십시오. 설령 당신 혼자 그 모든 고난을 다 겪더라도, 현세의 고난은 장차 나타날 영광에 비하면 아무것도 아니기 때문입니다.

⎾ 11 ⏋

고난이 달콤하게 느껴지는 지경에 이르면 그리스도를 위해 받는 고난을 즐기게 될 것입니다(롬 5:3 ; 갈 6:14). 고난이 그대에게 유익하다고 생각하십시오. 그대는 땅에서 낙원을 찾았기 때문입니다.

그러나 고난받는 것이 어렵고 괴로우며 고난을 피하고 싶어 하는 한, 어디를 가든 고난을 피해 도망치고 싶은 마음이 떠나지 않을 것입니다.

⎾ 12 ⏋

자신이 해야 하는 일, 즉 고난받고 죽는 일에 자신을 내어준다면 그대는 곧 훨씬 좋아지고 평안을 얻을 것입니다.

@도성윤

세상에서 그리스도를 위해 즐거이 고난을 받는 것보다
하나님께 열납되고 자신에게 유익한 것은 없습니다

설령 바울과 함께 셋째 하늘에 올라갔다 왔더라도(고후 12:4) 이것이 어떤 고난도 받지 않으리라는 보장이 되지는 못합니다. 예수님은 이렇게 말씀하셨습니다. "그가 내 이름을 위하여 얼마나 고난을 받아야 할 것을 내가 그에게 보이리라"(행 9:16). 예수님을 사랑하고 그분을 영원히 섬기기를 기뻐하면 끊임없이 고난을 받을 것입니다.

13

오, 그대가 예수님의 이름을 위해 고난받기에 합당한 자가 된다면(행 5:41) 그대에게 얼마나 큰 영광이겠는지요! 하나님의 모든 성도에게 얼마나 큰 기쁨이겠는지요! 그대의 이웃도 얼마나 큰 힘을 얻겠는지요!

모든 사람이 인내를 칭송하지만, 기꺼이 고난받으려 하는 사람은 적기 때문입니다. 많은 사람이 세상 것들을 위해 더 심한 고난을 견딥니다. 그러므로 그리스도를 위해 조금 고난받는 것을 기쁘게 여겨야 할 이유가 충분합니다.

14

죽는 삶을 살아야 한다는 것을 명심하십시오(시 44:22). 자신에 대해 죽을수록 하나님께 대하여 살기 시작합니다. 그리스도를 위해 고난받으려 하지 않는 사람은 누구도 하늘의 일을 알지 못합니다. 세상에서 그리스도를 위해 즐거이 고난을 받는 것보다 하나님께 열납되고 자신에게 유익한 것은 없습니다.

선택할 수 있다면, 많은 위로를 통해 생기를 되찾는 것보다 그리스도를 위해 고난받는 쪽을 택해야 마땅합니다. 이로써 그리스도를 더 닮게 되고 모든 성도는 더 큰 위로를 얻기 때문입니다. 우리의 가치와 영적 진보는 많은 기쁨과 위로에 있지 않고, 오히려 큰 환난과 역경을 철저히 견디는 데 있습니다.

15

만약 구원받는 일에 고난보다 낫거나 유익한 것이 있다면 틀림없이 그리스도께서 말씀과 본으로 보여주셨을 것입니다.

예수님은 그분을 따랐던 제자들뿐 아니라 그분을 따르려는 모든 사람에게 십자가를 지라고 분명하게 권면하셨고 "아무든지 나를 따라오려거든 자기를 부인하고 날마다 제 십자가를 지고 나를 따를 것이니라"라고 말씀하셨습니다(눅 9:23).

그러므로 우리는 모든 것을 철저히 읽고 살핀 후 이렇게 최종 결론을 내려야 합니다. "우리가 하나님의 나라에 들어가려면 많은 환난을 겪어야 할 것이라"(행 14:22).

우리의 가치와 영적 진보는
많은 기쁨과 위로에 있지 않고,
오히려 큰 환난과 역경을
철저히 견디는 데 있습니다

묵상과 적용

Q1 이 책에서 토마스 아 켐피스는 이상적인 내적 자아를 잘 정돈된 집으로 묘사했다. 그렇다면 당신은 내적 거처, 곧 자신의 내면이 꾸며진 상태를 어떻게 묘사하겠는가?

Q2 이 책에서 당신에게 깊이 와 닿은 구절들을 옮겨 적어보라. 그 귀면은 당신의 삶에서 구체적으로 어떻게 적용될 수 있겠는가?

그리스도를 본받아 2
내면을 향한 유익한 권면

초판 1쇄 발행	2019년 5월 24일
지은이	토마스 아 켐피스
옮긴이	전의우
펴낸이	여진구
책임편집	최현수
편집	이영주 김윤향 안수경 김아진 권현아
책임디자인	마영애 조아라 | 노지현 조은혜
기획·홍보	김영하
마케팅	김상순 강성민 허병용
제작	조영석 정도봉
해외저작권	기은혜
마케팅지원	최영배 정나영
경영지원	김혜경 김경희
이슬비전도학교	최경식
303비전장학회 & 303비전꿈나무장학회	어운학
303비전성경암송학교	박정숙
펴낸곳	규장

주소 06770 서울시 서초구 매헌로 16길 20(양재2동) 규장선교센터
전화 02)578-0003 팩스 02)578-7332
이메일 kyujang0691@gmail.com   홈페이지 www.kyujang.com
페이스북 facebook.com/kyujangbook   인스타그램 instagram.com/kyujang_com
카카오스토리 story.kakao.com/kyujangbook
등록일 1978.8.14. 제1-22

ⓒ 한국어 판권은 규장에 있습니다.
이 출판물은 저작권법에 의해 보호를 받는 저작물이므로 무단 전재와 무단 복제를 할 수 없습니다.

책값 뒤표지에 있습니다.
ISBN 978-89-6097-580-4 04230
      978-89-6097-578-1(세트)

규 | 장 | 수 | 칙

1. 기도로 기획하고 기도로 제작한다.
2. 오직 그리스도의 성품을 사모하는 독자가 원하고 필요로 하는 책만을 출판한다.
3. 한 활자 한 문장에 온 정성을 쏟는다.
4. 성실과 정확을 생명으로 삼고 일한다.
5. 긍정적이며 적극적인 신앙과 신행일치에의 안내자의 사명을 다한다.
6. 충고와 조언을 항상 감사로 경청한다.
7. 지상목표는 문서선교에 있다.

하나님을 사랑하는 자 곧 그의 뜻대로 부르심을 입은 자들에게는 모든 것이 合力하여 善을 이루느니라(롬 8:28)

Member of the
Evangelical Christian
Publishers Association

규장은 문서를 통해 복음전파와 신앙교육에 주력하는 국제적 출판사들의 협의체인 복음주의출판협회(E.C.P.A:Evangelical Christian Publishers Association)의 출판정신에 동참하는 회원(Associate Member)입니다.